AF375918

OBSERVATIONS

CONTRE LE SYSTÈME D'EMPRUNTER POUR L'ÉTAT,

EN VENDANT DES RENTES;

et

PROJET D'EMPRUNT,

*En remplacement du Crédit de seize millions
demandé par le Budget de 1818.*

PAR Mr. M. J. B. B******

> « La propriété, l'industrie et le commerce,
> « accablés sous le poids des charges
> « publiques, n'en pourraient bientôt
> « plus soutenir l'excès. »
>
> *(Rapport sur le Budget de 1818,
> fait au Roi par Son Exc. le Ministre
> des finances.)*

A PARIS,

DE L'IMPRIMERIE DE MOREAUX, RUE SAINT-HONORÉ, N°. 315.

1818.

OBSERVATIONS

CONTRE LE SYSTÈME D'EMPRUNTER POUR L'ÉTAT,
EN VENDANT DES RENTES ;

et

PROJET D'EMPRUNT,

*En remplacement du Crédit de seize millions demandé
par le Budget de 1818.*

Dans un Écrit, publié au mois de février 1817,
je me suis élevé contre le système d'emprunter
pour l'Etat, en vendant des rentes ; j'ai tâché
d'en démontrer toute l'insuffisance et le danger,
et j'ai proposé en même tems un projet d'emprunt au moyen duquel on aurait pu, en 1817,
tout-à-la-fois :

*Économiser 1,500,000 f. d'intérêts annuels
et réaliser 56,550,800 f. de plus que l'on n'a
fait en vendant les trente millions de rentes
accordés par le budget de cette année ;*

*Relever et fixer à un taux beaucoup plus
avantageux, le cours des rentes ;*

Réduire de cent cinquante millions, c'est-à-dire, de PLUS *de la moitié, les contributions foncière et des patentes;*

Et, enfin, fonder un système de finances dont le succès infaillible et prompt, en enrichissant la France, aurait fourni au trésor royal, des ressources abondantes, et aurait rallié et uni encore plus étroitement tous les intérêts à ceux de l'Etat, et toutes les affections au Roi et à son auguste famille.

Le Gouvernement ayant demandé, par le budget de 1818, d'être autorisé à vendre encore des rentes, je crois utile d'exposer de nouveau les funestes inconvéniens de cette mesure, et de reproduire le mode d'emprunt qu'il serait convenable d'y substituer.

D'après le rapport sur la situation des finances, fait à la Chambre des députés, le 15 décembre 1817, par Son Exc. le Ministre des finances : il reste à payer sur l'arriéré antérieur au 1er. janvier 1816, en inscriptions de rentes, valeur nominale, 64,443,000 f.; les paiemens faits ou à faire par cinquième, en rentes au cours, à partir de 1821, montent à 407,319,310 f.; il y a, dans le budget de 1816, un déficit de 6,121,670 f.; le budget de 1817 présente un excédant *présumé* de ressources de 4,182,644 f., mais il aura consommé, à raison de 340,844,200 f. au lieu de 311,651,591 f. qui lui avaient été alloués, la totalité du crédit de trente millions de rentes que la loi du 25 mars, avait accordé pour le service de 1817 et des *années suivantes* ; enfin la dette flottante, appelée passif des caisses, exigible en numéraire, qui était de 102,822,326 f., se trouve augmentée d'une somme de 46,381,059 f. d'une part, et de l'autre, d'une somme de 52,358,459 f. avancée aux départemens où la disette s'est le plus vivement fait sentir, en tout de 98,739,518 f. ; à la vérité, cette dernière somme est affectée sur des recouvremens à faire, mais, par cette raison là même, elle devrait rentrer toute entière, et cependant le ministre, en exprimant l'espoir « qu'en définitive le trésor ne restera à découvert que d'environ vingt millions », fait assez pressentir un déficit au moins de vingt millions.

Les dépenses *ordinaires* de 1818, sont évaluées à . . . . 680,975,600 f.

Les dépenses extraordinaires à. 312,268,422

Total des dépenses. . 993,244,022

Les recettes ordinaires et *temporaires* sont évaluées à . . . 767,778,600

Le déficit est de . . . 225,465,422

Le Ministre des finances demande un crédit de seize millions de rentes seulement, pour des emprunts ou négociations; il annonce, en même tems , qu'il ne sera pas nécessaire d'en aliéner , en 1818 , plus de 12 millions, pour *tenir à flot* le service de cette année. Son Exc. fait remarquer, en outre , « que ce déficit était « prévu dès l'année dernière , et qu'il l'était « même dans une proportion plus grave. »

Dès l'année dernière, on avait prévu, en effet, un déficit , en 1818 , de..... 261,108,000 f.

en 1819 , de..... 253,574,000

en 1820 , de..... 274,174,000

Le déficit de 1818 , est donc présenté pour 35,642,578 f. de moins qu'il n'avait été prévu ; mais, au budget de 1817, il avait été fait un fonds de 23 millions pour un *premier* à-compte, à l'effet de rembourser ou garantir une portion égale de l'ancienne dette flottante de 102,822,006 f. ; dans le budget de 1818 , il n'est fait aucuns fonds ni pour couvrir les 79,822,306 f. restant de cette dette , ni pour le déficit de 6,121,670 f. de 1816 , ni pour celui de 20 millions au moins de 1817. Le passif des caisses , même lorsqu'il est garanti par les recouvremens à faire, est une véritable anticipation; or, une anticipation montant à près de 180,000,000 f. est trop considérable pour qu'elle n'ajoute pas infailliblement, plus tôt ou plus tard , aux embarras du trésor; d'un autre côté , le crédit de 16 millions de rentes ne suffira pas, à beaucoup près, pour balancer l'excédant de 225,465,422 f. que les dépenses présentent sur les recettes.

Les 6 millions de rentes portés au budget de 1816, avaient été accordés surabondamment pour le cas où les ressources de cette année seraient insuffisantes. On en a eu besoin, et on les a tous employés dans cet exercice. Les 50 millions de rentes de 1817, avaient été accordés pour le service de 1817 et des *années suivantes*, ils ont été tous nécessaires pour le service de 1817.

Après ces deux exemples, et lorsque, d'un côté, l'insuffisance des ressources de 1818 est avérée, et lorsque, d'une autre part, de plus grands embarras sont prévus pour 1819 et pour les années suivantes, il pourrait paraître étonnant que l'on se borne à réclamer un crédit de 16 millions pour *tenir à flot* le service de 1818, si la sagesse du ministre ne garantissait pas qu'il a eu de grandes raisons pour ne pas en demander un plus considérable; mais n'est-il pas naturel de penser que la meilleure de ces raisons a été la difficulté d'en réaliser un plus fort, et, dans ce cas, quelles craintes ne doit-on pas concevoir sur la difficulté qu'il y aura de pourvoir aux besoins des budgets suivans?

Quoi qu'il en soit, cette anticipation si considérable sur les recettes courantes, cet énorme déficit sur les exercices de 1818, 1819 et 1820, et cet engagement pris, de payer, en rentes au cours, par cinquième, à partir de 1820, une somme de 407,319,310 f. présentent, dans un avenir prochain, une perspective qui doit exciter naturellement la sollicitude de quiconque aime véritablement son pays, et cette perspective doit inquiéter d'autant plus que le système adopté pour conjurer ce terrible avenir, paraît moins propre à nous en fournir les moyens.

On a vendu 6 millions de rentes, en 1816, on en a vendu 30, en 1817, on propose d'en vendre 16, en 1818, et on annonce que la même mesure sera adoptée pour subvenir, l'année prochaine et les suivantes, au déficit que chacun de leurs budgets présentera. Quelqu'un a dit que ces émissions de rentes ressemblent à celles des assignats. En se répandant promptement sur tous les points du royaume, les assignats eurent au moins un avantage : celui d'imprimer partout à l'agriculture et à l'industrie, une impulsion qui les a fait prospérer ; les émissions de rentes, au contraire, ne paraissent devoir produire d'autre résultat que celui d'épuiser toute la France au profit d'une seule classe d'individus ; elles présentent encore cette différence remarquable : qu'elles sont livrées avec perte, tandis que les assignats furent donnés au pair, et qu'elles doivent enrichir ceux que l'on prie, pour ainsi dire, de les accepter, tandis que les assignats devaient ruiner ceux que l'on forçait de les prendre.

En effet, les 6 millions de 1816 ont été vendus, sur la place, 69,759,600 f., et les 30 millions de 1817 ont été cédés à des .compagnies, au prix de 340,844,200 f Ainsi, pour une somme de 410,605,800 f., l'Etat a été constitué débiteur d'un capital de 720 millions, et d'une rente annuelle de 36 millions, c'est-à-dire, pour chaque somme de 100 f., d'un capital de 175 f., et d'une rente de 8 f. 75 c. ; en d'autres termes, il a emprunté moyennant un intérêt de 8 3/4 et une prime de 75 p. cent. Quelle énorme perte pour le trésor et quel pernicieux exemple pour les peuples ! ! !

Quand la loi des finances invite les capitalistes à des placemens aussi démésurément lucratifs, quelle force, les lois qui interdisent l'usure, pourraient-elles conserver, et quelle considération pourrait retenir les capitalistes et les empêcher d'imposer des conditions également ruineuses, à ceux qui ont besoin de leurs secours? Lorsqu'en 1814, il fut proposé de créer des obligations royales portant, sous le nom *d'indemnité*, un intérêt de 8 p. cent, pendant trois années seulement, et sans prime, on s'écria de tous côtés, que c'était blesser la morale et la religion. Cependant quelle différence....! Le salut de l'État, l'impérieuse nécessité forcent, dira-t-on, de passer par dessus toutes les considérations, et de vendre des rentes à bas prix. Ah ! sans doute, sauvons l'Etat, quoiqu'il en puisse coûter, mais du moins examinons bien s'il n'y aurait pas quelqu'autre moyen moins funeste, d'atteindre ce but, et si, par quelque combinaison, on ne pourrait pas alléger la perte du trésor, ou si, en faisant profiter de cette perte préférablement ceux qui supportent le poids des contributions, et en leur rendant ainsi, en tout ou en partie, ces intérêts et ces primes qu'on leur fait payer, on ne pourrait pas atténuer ou même effacer ce que les moralistes y trouvent d'usuraire et de répréhensible.

L'agriculture, l'industrie et le commerce, ces bases sur lesquelles se fonde principalement la puissance d'un Etat, sont paralysés et languissent nécessairement lorsqu'ils sont privés de capitaux, ou qu'ils ne peuvent en obtenir qu'à des conditions ruineuses. Toutes les mesures du Gouvernement devraient donc avoir pour objet de leur en procurer en abondance et à bon marché. Bien loin de-là, le système de vendre des rentes, en ouvrant des placemens sur l'Etat plus avantageux que les particuliers ne peuvent en offrir, prive les propriétaires ainsi que les fabricans et les commerçans, des secours en capitaux qui leur sont absolument indispensables ; et non-seulement ce système d'emprunter par la vente des rentes, ruine ainsi sourdement les plus solides fondemens de l'Etat, mais encore il les attaque et les sape ouvertement, en ce qu'il nécessite la prorogation indéfinie des surcharges ajoutées temporairement aux contributions foncière et des patentes, et que, de cette manière, il demande directement à la propriété, à l'industrie, et au commerce, et leur ôte, sans intérêt et sans espoir de remboursement, une partie même des capitaux qui leur appartiennent en propre, et qui entretiennent encore leur existence.

Après avoir réglé que les contributions *permanentes* seraient de........ 570,454,940 f.

On les a élevées *temporaire-ment*, en 1816, à........... 730,020,661

Et, en 1817, à............ 742,608,667

On propose, en 1818, de les porter à................ 764,778,600

On avait fixé les dépenses *permanentes*, en 1816, à................... 548,252,520

Et, en 1817, à............ 638,345,399

On propose, en 1818, de les fixer à..................... 680,975,600

Ainsi, quoique les contributions permanentes aient été augmentées d'abord de 159,565,721 f., et successivement de 34,757,939 f., en tout de 194,323,660 f., la progression des dépenses permanentes occasionnée sur-tout par les émissions de rentes, a été tellement accélérée, que l'excédant des recettes qui était, en 1816, de 181,768,141 f., n'est plus, en 1818, que de 83,803,000 f. Cet excédant, ainsi que le montant des extinctions graduelles sur les pensions, ne sera-t-il pas absorbé bientôt par les intérêts des nouveaux emprunts ou par les autres dépenses qui nous restent à faire, soit pour remplir nos engagemens envers les étrangers, soit pour rétablir notre marine et pour mettre enfin , sur un pied convenable , nos armées de terre ?

Alors, cette distinction qu'on avait cru devoir faire entre les contributions permanentes et temporaires , disparaîtra forcément. Ces contributions seront devenues, par le fait , toutes permanentes , et il sera indispensable de les proroger indéfiniment. Mais sera-t-il possible de lever encore long-temps sur la France 764 millions de contributions annuelles? Lorsque les impositions s'étendent à tout ce qu'il est possible d'atteindre, et qu'elles excèdent démesurément les facultés des contribuables, elles s'anéantissent sous leur propre poids, car il est une limite au-delà de laquelle l'impôt tue l'impôt. L'élévation trop forte des tarifs des contributions indirectes excite à la fraude et à la contrebande ; la surcharge des patentes absorbe une partie des fonds destinés à alimenter le commerce et l'industrie ; la contribution foncière , portée à un taux excessif, force les propriétaires à réduire les capitaux nécessaires à l'agriculture et à la reproduction. Alors , l'agriculture, le commerce et l'industrie languissent ; et non-seulement les contributions foncière et des patentes sont très-difficiles à recouvrer, mais encore les transactions deviennent rares ou peu importantes, et fournissent moins de recettes au timbre et à l'enregistrement ; les consommations générales diminuent aussi , et,

(13)

avec elles, les produits des droits des douanes et des droits réunis auxquels elles sont soumises.

Jusqu'ici, la cherté excessive des grains, qui a tant fait gémir l'humanité, a mis les fermiers et les propriétaires de biens ruraux, en état d'acquitter leurs impôts, et même de faire d'autres dépenses qui ont été un aliment pour le commerce et l'industrie ; mais, une fois que le prix du blé sera redescendu à son cours moyen (et il faut espérer que cette époque n'est pas éloignée), la contribution foncière se trouvant alors, dans beaucoup de départemens, au tiers et même à la moitié du revenu net des biens, la plupart des propriétaires seront presque dans l'impuissance de la payer, et devront nécessairement restreindre leurs autres dépenses : alors, et par contre-coup, l'industrie et le commerce se trouveront paralysés, et la rentrée des diverses contributions deviendra extrêmement difficile.

Une autre cause ajoutera encore plus à la difficulté de les recouvrer.

Les diverses sommes payées ou à payer aux étrangers, depuis 1815 jusqu'en 1820, montent à plus de 1500 millions. Excepté 5 à 600 millions à quoi peuvent s'élever la solde et la nourriture des troupes, et qui resteront peut-être dans les villes frontières qu'elles occupent, cette somme de 1500 millions devra être exportée nécessairement en numéraire, parce qu'il n'y aura pas d'autre moyen de l'acquitter.

(14)

La balance du commerce qui, avant 1789,
nous procurait, tous les ans, un solde de 60 à 70
millions, sera désormais contre nous, et peut-
être pour des sommes très-considérables. En
effet, les seuls produits de nos colonies et de
notre commerce avec la Chine et le Levant, en-
traient dans le calcul

De nos exportations, pour.. .93,000,000 f.

De nos importations, pour.,.14,000,000

____

Et présentaient conséquem-
ment un bénéfice annuel de.....79,000,000 f.

Mais la perte de Saint-Domingue; la cession
de plusieurs autres de nos colonies, toutes très-
importantes, ou par leurs produits, ou comme
stations de guerre, ou comme points de relâ-
che; l'occupation de Malte et des îles Ioniennes
par les Anglais; le séjour temporaire de 150,000
hommes de troupes étrangères sur une longue
ligne de nos frontières intérieures; les préven-
tions malheureuses que les 25 dernières années
ont inspirées à toutes les autres nations contre
nous, et les rapports nouveaux ou plus étroits
qui, par suite, ont été établis à notre détriment
et au profit du commerce des autres peuples, et
spécialement du commerce des Anglais; enfin,
la création, en exécution des traités du 20 novembre 1815, de plusieurs millions de rentes
en faveur des sujets des puissances étrangères,
à titre de remboursement, et sans versement, de

leur part, d'aucuns nouveaux capitaux : toutes ces causes , et plusieurs autres qu'il serait super-flu d'indiquer , feront que la balance du commerce sera infailliblement pendant long-tems à notre désavantage, et que, pour satisfaire aux contributions de guerre , il aura fallu retirer de la circulation , et exporter en numéraire, une somme de plus d'un milliard , avant la fin de l'année 1820.

La disparition d'une somme aussi énorme, si on ne se hâte de prendre des mesures efficaces pour la suppléer, énervera infailliblement l'agriculture, l'industrie et le commerce , et contribuera beaucoup à rendre la rentrée des divers impôts difficile, et à diminuer leurs produits.

Les capitaux, dit-on, sont cosmopolites , et il en arrivera en abondance des pays étrangers, pour être placés dans nos emprunts , et nous rendre , de cette manière , le numéraire exporté. Mais en est-il beaucoup venu, alors même que nos rentes étaient à 55 pour 100 , tandis que les fonds prussiens, anglais, etc., étaient généralement au pair ? En ce moment, où nos rentes ne sont qu'à 66 f., n'est-ce pas une singulière preuve de cette assertion et de la confiance des étrangers en notre système actuel de finances , que, lorsqu'ils pourraient avoir pour 66 f., 5 f. de rente dans les fonds consolidés de France , ils préfèrent donner 140 f. pour une pareille rente de 5 f. dans les fonds anglais ?

S'il est vrai, au surplus, que les capitaux peuvent se transporter facilement partout où le profit les appelle. il n'est pas moins vrai aussi qu'ils
ne s'arrêtent que là où la sécurité les retient :
or, ce n'est pas en un jour, ni par le seul effet
de l'adoption d'un système, quelque bon qu'il
soit, que l'on peut inspirer une confiance entière; on l'inspirera bien moins encore, en
persistant dans un système qui, sous un Gouvernement où les propriétaires et les commerçans ont une si grande part à la législation,
sacrifie l'agriculture, le commerce, et l'industrie, et, pour ainsi dire, les livre en proie à
quelques capitalistes. Les engagemens contractés par l'Etat, seront certainement remplis;
mais, en considérant à quel taux ils ont prêté, et
dans quelle détresse leurs prêts ont jeté la
France, les capitalistes, ayant l'imagination
troublée par leur propre conscience, ne se per-
suaderont pas facilement que des engagemens
aussi onéreux soient fidèlement exécutés. Il est
vraisemblable du moins que, pendant long-tems
encore, les étrangers ne regarderont nos fonds
publics que comme une loterie, et n'y verseront
des capitaux, qu'à raison des grandes chances
avantageuses qu'ils offrent.

Dans l'état actuel des choses, au reste, ce serait un MALHEUR DE PLUS S'IL SURVENAIT DES CAPI-
TAUX ÉTRANGERS. Ces capitaux attirés uniquement par le bas prix de nos rentes, par les gros

intérêts, et les énormes primes qu'elles offrent, ne pourraient, en définitive, que nous être funestes. Car, ou notre cours resterait au même taux, ou il se releverait. Dans la première supposition , les capitaux étrangers nous asserviraient à jamais et nous débiliteraient incessamment par l'extraction annuellement répétée, de ces gros intérêts; dans la deuxième hypothèse , ils nous épuiseraient soudainement par l'extraction immédiate de ces énormes primes , attendu que les propriétaires ne manqueraient pas , aussitôt que la hausse serait arrivée, de revendre leurs rentes pour aller porter sur d'autres places, leurs capitaux avec les bénéfices qu'ils auraient réalisés.

Le système d'emprunter , en vendant des rentes , a été imité des Anglais.

Si M. de Bricogne n'en a pas inspiré la première idée , il a fortement contribué à la faire adopter, par le talent qu'il a mis à la présenter. Dans un ouvrage sur le budget de 1816 , écrit avec une chaleur, une force , et une éloquence d'autant plus étonnantes, en un pareil sujet, qu'elles auraient mérité d'être applaudies en toute autre matière, il proposa de ne pas faire de. retenue sur les traitemens , de ne pas augmenter les impôts existans, de ne point en établir de nouveaux, mais seulement d'émettre 25 millions de rentes, de créer une caisse d'amortissement et de la doter de 100 millions en numéraire. Il avait pensé que le mouvement de hausse qu'aurait imprimé aux rentes , l'emploi bien dirigé de cette dotation de 100 millions , les aurait promptement élevées et fixées à un cours au-dessus de 80 p. 100, et qu'on aurait pu facilement, dès - lors , injecter sur la place les 25 millions de rentes , en retirer 400 millions en numéraire, et , par ce moyen là , non-seulement subvenir à toutes les dépenses extraordinaires , et se couvrir des 100 millions de dotation de la caisse d'amortissement , mais encore procurer au trésor royal, une surabondance de ressources qui, en lui donnant la facilité de faire tous ses paiemens avec la plus grande exactitude , aurait fondé et agrandi le crédit public.

Ce plan n'était pas exempt des graves inconvéniens attachés à tout système ayant pour base de vendre des rentes, mais il aurait eu vraisemblablement un succès au moins momentané , s'il avait été exécuté avec toutes ses conditions. Il paraît qu'on fut effrayé alors de vendre, en une seule année, 25 millions de rentes. Quoi qu'il en soit, on ne l'adopta pas, on éleva les tarifs des impositions indirectes, on ajouta des centimes aux contributions directes , on autorisa , non sans quelque répugnance, la vente de 6 millions de rentes , mais on créa une caisse d'amortissement , et on la dota d'un revenu de 20 millions , que l'on avait calculé être le centième du capital des rentes, qui alors étaient déjà inscrites ou dont la création avait été votée. Ces deux dernières dispositions étaient conformes aux véritables principes du crédit public ; elles auraient été excellentes dans d'autres circonstances, elles durent alors être insuffisantes.

L'exemple des Anglais, en fait d'emprunt, est séduisant, car leurs succès, sous ce rapport, ont été prodigieux. Mais leur système (dont au surplus la bonté *intrinsèque* serait susceptible d'être contestée) peut-il s'adapter si facilement à notre position, que nous n'ayons besoin que de vouloir les imiter, pour réussir comme eux ? Dans ce cas, et nous, et les autres peuples aurions été jusqu'ici bien insensés de ne l'avoir pas voulu plus tôt. Mais non, en matière de crédit, comme en toute autre chose, il ne suffit pas d'importer et d'adopter, en France, le système des Anglais, pour nous en approprier tous les avantages. Il est, chez les deux nations, des différences, dans l'état des choses et dans les dispositions des esprits, qui exigent des modifications dans l'application, en France, de la manière d'emprunter des Anglais. A cet égard, calquer servilement notre système sur le leur, et prétendre subvenir aux besoins du trésor, en créant, sans aucune autre combinaison, et en mettant, chaque année, sur la place de Paris, immédiatement ou même par des intermédiaires, comme eux sur la place de Londres, toutes les rentes nécessaires pour combler le déficit de nos recettes, ce serait tomber dans une funeste méprise; ce serait méconnaître la différence immense qui existe, à certains égards, entre l'Angleterre et la France, entre Londres et Paris; c'est - là le défaut radical du système que l'on suit actuellement, et ce fut peut - être là aussi le plus grand, ou plutôt le seul et véritable défaut du plan de finances, d'ailleurs, si habilement conçu, que M. le baron Louis fit adopter en 1814, et de celui qui a été proposé et développé aussi avec tant d'esprit, par M. de Bricogne, en 1816.

Le crédit a été soigneusement cultivé, en Angleterre, depuis plus d'un siècle; une longue et religieuse exactitude à tenir tous les engagemens contractés, a acquis au gouvernement anglais une confiance sans bornes de la part de ses sujets, ainsi que de la part des étrangers. En France, au contraire, les engagemens les plus solennels n'ont été que trop souvent inexécutés : aussi, les effets publics n'ont guère de valeur qu'à Paris ; ils sont presque tous concentrés dans cette ville. Les provinces y ont rejeté tous ceux qu'elles possédaient; et tout ce qu'on a fait jusqu'ici pour les remettre en faveur dans les départemens, a été à peu près inutile.

D'un autre côté, Londres est la capitale du monde commercial, et possède seule le 10e. de la population de l'Angleterre, et le quart de ses richesses; tandis que Paris renferme à peine le

45e. de la population et le 40e. des richesses de la France.

Ces différences expliquent pourquoi le gouvernement anglais a pu, à son gré, ouvrir et réaliser si souvent à Londres, en deux ou trois jours, des emprunts de 600 et 800 millions, et pourquoi le Gouvernement Français a tant de peine à effectuer ceux dont il a besoin, et pourquoi il dépense d'aussi fortes sommes en frais de négociations.

Ce qui, en France, s'oppose le plus aux succès des emprunts que le Gouvernement veut faire, c'est que les provinces n'y prennent presque point de part, et que la place de Paris seule ne saurait suffire à absorber cette masse de rentes qui ont été déjà émises, ou qu'il sera nécessaire de créer encore. Dans cet état de choses, en admettant qu'à force d'adresse ou de frais de négociations, on parvînt à réaliser à Paris tous les emprunts dont on a besoin, un pareil succès entraînerait avec lui un inconvénient très-grave, en ce que cette énorme quantité d'effets publics, après avoir enfin saturé la place de Paris, bien loin d'aller, comme une rosée bienfaisante, se répandre sur nos provinces altérées de capitaux, pour les fertiliser, resterait concentrée et suspendue sur la place de Paris, comme un nuage orageux et menaçant que le moindre choc, le plus léger événement politique ferait éclater et précipiter avec fracas.

-On se repose, avec une confiance très-ferme, en apparence, pour le succès des emprunts, ainsi que pour l'améloration du crédit, soit à l'égard des régnicoles, soit à l'égard des étrangers, sur les miracles que doit opérer notre caisse d'amortissement, et on cite, à ce sujet, les merveilles qu'a produites la caisse d'amortissement d'Angleterre. Toujours l'Angleterre ! Mais, en s'appuyant de son exemple, il ne faudrait pas, encore une fois, faire abstraction de la différence des positions et des circonstances.

En Angleterre, les rentes ont presque toujours eu une grande valeur; elles y sont universellement regardées comme une dette propre à chaque Anglais. Leur crédit, affermi par le tems, est consacré aussi par l'honneur et par la reconnaissance; les souvenirs et les monumens de la gloire nationale s'y rattachent, et se fondent, pour ainsi dire, sur ces énormes emprunts dont l'heureuse assistance a porté à un si haut degré la richesse et la puissance de l'Etat. Aidée par ces brillans prestiges, et d'ailleurs bien dotée et bien organisée, une caisse d'amortissement devait avoir, chez ce peuple, pour élever les fonds publics, une force immense : aussi, en y réfléchissant bien, on ne s'étonne plus tant que le cours de ses fonds soit monté à 140 pour 100.

En France, au contraire, l'origine des rentes

a été si variée, leur sort a été si long-tems incertain, et la législation, à leur égard, si versatile, qu'elles n'apparaissent plus dans nos budgets, que comme une charge de l'Etat, pour ainsi dire, volontaire, et non comme l'exécution d'un contrat bilatéral. Les moyens d'amortissement qu'on alloue, semblent une concession temporaire et de pure bienveillance, plutôt que l'accomplissement d'une obligation, et ils sont même regardés généralement comme n'ayant été votés que dans le dessein de faciliter de nouvelles émissions. Aussi, voyez quels ont été les succès de notre caisse d'amortissement ! On lui a donné une administration parfaitement indépendante ; on l'a dotée d'abord de 20, ensuite de 40 millions de revenus, et enfin d'un capital immense en forêts ; on a affecté spécialement les produits de l'enregistrement, pour le paiement des rentes, et on a traité avec la Banque pour que ce paiement fût exactement effectué à chaque échéance, et dans le plus court délai possible, en un mot, excepté de fermer le grand-livre de la dette publique, on a fait tout ce qu'il était possible de faire pour rétablir le crédit, relever le cours des rentes, et donner à la caisse d'amortissment une grande influence. Eh bien ! tout cela a été si peu efficace sur le crédit, que les frais de négociations se sont élevés, en 1817, à la somme énorme de 22,796,000 f., et que les 30 millions de rentes n'ont été vendues qu'au cours moyen de 56 f. 5o c. Les rentes sont montées à près de 69 f. , mais ce n'est point par le secours de la caisse, puisqu'elle n'a pas pu les fixer à cette hauteur, et qu'elles sont redescendues depuis au-dessous de 64 f.

Sous le rapport de l'amortissement de la dette publique , les résultats des opérations de la caisse ont été bien moins avantageux encore.

Au 3o novembre 1817, elle avait reçu :

La totalité de sa dotation de 20 millions de 1816 , ci...... 20,000,000 f.

Les 11/12es. de celle de 4o millions de 1817 , ci......... 36,333,333

56,333,333 f.

Les rentes qu'elle avait rachetées, lui avaient produit :

En 1816....... 39o,ooo
En 1817....... 3,156,o38

3,526,o38

Total des recettes...... 59,859,371
Il lui restait en caisse..... 258,281

Avec le surplus, qui est de... 59,6o1,o9o

Elle avait acheté 4,798,313 f. de rentes , au capital de 95,966,26o f.

Le taux moyen de ces achats, a été, en 1816, de 57 f. 33 c.; en 1817, de 64 f. 93 c.

Le taux moyen des ventes de rentes faites par

l'Etat a été, en 1816, de 58 f. 13 c. ; en 1817,
de 56 f. 50 c.

Ainsi, pour se procurer et fournir à la caisse
d'amortissement, soit en 1816, soit en 1817,
la somme de 59,601,090 f. avec laquelle elle
a racheté seulement, une rente
de . . . . 4,798,313 f.

Au capital de. . . . . 95,966,260 f.

L'État en a vendu,

En 1816.... 1,753,827 } 5,246,692
En 1817.... 3,492,865 }

Au capital de. 104,933,850

Conséquemment il
y a eu perte de....... 448,379

De rente, au capital de....... 8,967,590

L'Etat ayant été grévé, par cette opération,
d'un surcroît de rentes de 448,379 f., il s'en
suit aussi que, tant qu'il continuera d'en vendre
au-dessous du cours, pour fournir à la caisse,
des fonds destinés à racheter au cours, au lieu
de servir à *amortir* la dette, la caisse ne fera que
l'agrandir.

Le simple exposé de ces résultats, dispense
d'ajouter aucune réflexion ; il suffit seul pour
faire apprécier notre système actuel d'amortissement, ainsi que le système d'emprunter, en
vendant des rentes, dont il est l'appui.

On répondra à cela, que la perte faite par
l'Etat, en 1817, sous le nom de la caisse d'amor-

tissement ; ne doit pas être considérée isolément; qu'elle a servi à faciliter la négociation de 26,711,000 f. de rentes , et on en donnera pour preuve, l'amélioration successive des ventes qui en ont été faites.

Ainsi, on voudrait persuader qu'une opération dont le résultat a été matériellement désavantageux, a eu une heureuse influence morale, et que les capitalistes ont pris plus de confiance, en voyant une institution destinée à amortir la dette, servir au contraire à l'augmenter. De pareils raisonnemens n'ont pas besoin d'être refutés.

Mais , ajoutera - t - on , l'intervention de la caisse d'amortissement sur la place, a contribué à faire hausser les rentes.

Si la caisse avait accumulé les sommes qui lui ont été versées , tous les mois , pour jouer avec les fonds publics , et agir dans les circonstances de baisse , on conçoit qu'elle eût pu produire une hausse ; mais, cette hausse n'étant pas l'effet d'une cause permanente ,. n'aurait été que momentanée ; la caisse a sagement préféré de suivre une autre marche. Elle a réglé l'emploi de ses fonds , d'une manière uniforme et connue de tout le monde ,. en consacrant, chaque jour , une somme à peu près égale , aux rachats des rentes. Cette manière d'opérer n'a pu avoir d'influence sur le cours de la rente, qu'en raison des résultats positifs qu'elle obtenait; or, ces résultats , comme on vient de le prouver, ont été désavantageux puisqu'ils ont abouti à ne racheter que 4,798,313 f. de rentes, avec le produit de la vente de 5,246,692 f. de rentes.

Mais, demandera-t-on qu'est-ce qui a donc fait monter les rentes en 1817?

Ce qui a fait monter les rentes en 1817, ce sont, d'abord et principalement, les mesures qui ont été prises pour assurer le paiement exact et prompt des intérêts, à chaque échéance. Pour un très-grand nombre de capitalistes, ce point est le plus essentiel et presque le seul essentiel. C'est, en outre, le sentiment universellement répandu qu'une dette de 150 ou 200 millions ne serait pas un trop grand fardeau pour la France, etc. Et, si on doit s'étonner de quelque chose, c'est même que le cours n'en soit pas plus élevé. Le bas prix des fonds publics d'un royaume tel que la France, est un sujet de honte; il ne saurait être expliqué que par l'insuffisance du système suivi pour en utiliser les ressources.

L'amortissement, au surplus, par la force de l'intérêt composé, est, sans aucun doute, en fait de crédit, un levier d'une force prodigieuse; mais ce n'est que lorsque, posé sur un point d'appui solide, il agit contre une masse déterminée, c'est-à-dire, lorsque les rapports entre les moyens et le but, sont sagement et définitivement établis; en un mot, lorsque la proportion entre la quantité de rentes à amortir et le fonds d'amortissement, est convenablement réglé, et invariablement fixé. En Angleterre, chaque fois qu'on emprunte, on crée et on donne à la caisse d'amortissement, un surcroît de revenus suffisant tout-à-la-fois pour l'acquittement des intérêts de la somme empruntée, et pour le rachat annuel d'une fraction du capital de l'emprunt. Conformément à cet exemple, en proposant d'émettre en 1818, 16 millions de rentes au capital de 320 millions, on aurait dû déléguer spécialement au budget particulier de la dette publique et de l'amortissement, une branche de recettes de 22 millions, pour assurer non seulement le paiement des 16 millions de rentes, mais encore le rachat ou remboursement annuel d'une portion de leur capital.

Toutefois, dans les circonstances particulières où se trouve la France, sous le rapport du crédit, cette mesure serait encore insuffisante. En effet, tant que les émissions de rentes ne seront pas arrêtées, le jeu de l'amortissement, quelle que soit sa dotation, sera d'un effet nul ou du moins très-faible, parce que sa puissance ne sera évaluée, chaque année, que par son influence actuelle sur la valeur des rentes, et non par ses résultats éloignés; parce que, pendant long-temps encore, on ne verra ou on ne voudra voir généralement, dans ce système, que des rentes vendues d'une main et rachetées de l'autre, et parce que, au fond, ce ne sera guère autre chose, ou ce sera même pire que cela, si on continue de racheter à un taux plus cher que celui de la vente.

Pour que les emprunts et l'amortissement réussissent en France, il faut adopter un système où la quantité des rentes soit définitivement fixée. Il faut fermer le grand-livre, et commencer une nouvelle dette. Dès créanciers à nouveau titre, croiraient avoir plus de droits, et auraient plus de sécurité ; on leur aurait emprunté, et ils auraient prêté à telles conditions. Le contrat serait récent, synallagmatique, solennel. On regarderait comme irrévocablement aliénés d'une part, et acquis de l'autre, les revenus qui auraient été délégués pour le service des intérêts et l'amortissement du capital des nouveaux emprunts. Il faudrait, en outre, faire par de sages dispositions, que ces nouveaux emprunts eussent un caractère véritablement national, non-seulement par la manière dont ils seraient votés et l'emploi qui en serait fait, mais encore par la manière dont il serait levé. Tout, sous ce dernier rapport, devrait être nouveau et spécialement approprié à la situation où se trouve la France.

Dans divers écrits publiés en 1816, on a proclamé comme des maximes que, *chez une nation agricole et commerçante, plus l'État emprunte et plus il enrichit sa matière imposable, et accroît sa force pour supporter de nouveaux impôts ; que sa richesse générale et les impôts, marchent et croissent dans une proportion égale à celle des emprunts ; qu'à mesure que*

les emprunts grossissent , les impôts tout-à-
la-fois s'allègent et deviennent plus productifs,
et même finissent par rapporter au trésor, sous
la forme de tributs , les sommes dont les emprunts l'avaient grevé , parce qu'il n'est pas de
valeur mise en circulation par le Gouvernement , dont il ne rentre annuellement une partie, dans le trésor, par l'impôt ; en un mot, on
a établi qu'un État qui est fertilisé par le crédit et fécondé par les emprunts , offre des ressources inépuisables. Toutes ces vérités , qui
ont été démontrées sur-tout dans un ouvrage de
M. de Bricogne, avec une grande supériorité de
raïson et de talent , sont bien mieux justifiées
encore par l'exemple de l'Angleterre. Les revenus de cette nation, qui, il y a 20 ans , étaient
inférieurs à ceux de la France , montent aujour-
d'hui à une somme triple ; et c'est principalement parce que l'Angleterre a pu emprunter , et
qu'elle a emprunté en effet , dans cet intervalle
de temps, plus de 10 millards , que son agriculture , son industrie et son commerce ont fait
de si immenses progrès , que sa richesse et sa
puissance se sont élevées à un si haut dégré , et
que son Gouvernement est parvenu à mettre
dans ses mains , la balance de l'Europe et le
sceptre des autres parties du monde.

Ces maximes sont incontestables , cet exemple est frappant ; il faut donc , sans aucun
doute, et imiter cet exemple, et mettre ces maxi-

mes en pratique. Il faut emprunter ; la nécessité, d'ailleurs, nous y contraint ; mais il s'agit de savoir *à qui, et de quelle manière* nous devons emprunter. Certes, puisque créer et vendre des rentes, c'est emprunter, nous avons emprunté, et grandement emprunté depuis trois ans ; or, chacun peut juger, par les effets, si notre matière imposable a été enrichie et a pris plus de force pour supporter nos impôts ; si la richesse de notre France a marché et s'est accrue dans une proportion égale à celle de notre dette, et si nos impôts se sont allégés et sont devenus plus productifs, en raison des quantités de rentes qui ont été vendues. Il n'en est rien assurément ; mais, si nous n'en avons pas recueilli ces avantages, ce n'est point à dire que ces maximes soient fausses, c'est plutôt et uniquement parce que nos emprunts n'ont pas eu cette base et cette force reproductive sans lesquelles les emprunts acheveraient de ruiner notre patrie, bien loin de la sauver ; c'est, en un mot, parce qu'ils n'ont pas été appropriés à notre position.

Notre position demande qu'on se garde bien de faire un appel à ces capitaux passagers et usurairement officieux, que pourraient fournir les étrangers, parce que leur intervention aurait pour résultat de nous asservir à jamais, ou de précipiter notre ruine.

Notre position demande qu'on évite non moins

soigneusement aussi de s'adresser directement aux capitaux indigènes , et de leur offrir des placemens trop avantageux et capables de les détourner de leur cours naturel , de leur destination essentielle qui est d'aider , avant tout , à l'agriculture , à l'industrie et au commerce ; parce que ce serait dessécher , à leurs sources , tous les canaux de la prospérité publique.

Notre position demande enfin que , puisqu'il est indispensable d'ouvrir des emprunts , de souscrire à de gros intérêts , et d'accorder d'énormes primes , on combine et on règle ces emprunts, de manière que tous ces gros intérêts et ces énormes primes , ou du moins la plus grande partie, tournent préférablement au profit de ceux sur qui pèsent les charges publiques. Notre situation le demande et il le faut ainsi , quand ce ne serait , à défaut de justice , que par politique , et pour qu'ils puissent continuer d'en supporter le poids.

La situation actuelle de la France , sous le rapport des finances , peut, jusqu'à un certain point, être comparée à ces maladies de l'homme qui exigent un régime très-confortatif pour qu'il puisse supporter les opérations douloureuses auxquelles il est soumis. La France a besoin d'un système de finances qui la mette à même de payer , sans s'épuiser , les contributions exhorbitantes que les étrangers ont imposées , qui obvie aux effets désastreux que produirait

infailliblement l'exportation d'un milliard en
numéraire , et qui lui rende , sous une autre
forme , ce numéraire , fluide vital du corps social. En créant ce système ; il faut songer à la
fois au présent et à l'avenir , et préparer , dès
ce moment , des ressources pour 1819 et les
années suivantes ; il faut affermir la tranquil-
lité intérieure , par de justes indemnités aux
émigrés , ainsi que par des dotations convena-
bles en faveur de la légion-d'honneur et des mi-
litaires mutilés ; il faut assurer la paix à l'exté-
rieur , par l'exécution fidèle des traités avec les
puissances alliées ; il faut aussi prévoir toutes
les chances et pourvoir à toutes les dépenses que
la dignité et l'indépendance de la France pourraient ultérieurement demander. Ce système
doit être essentiellement national et monarchique ; par conséquent il doit tendre , par ses diverses dispositions , à consolider le Gouvernement et à rallier autour de lui , tous les intérêts et toutes les affections. Pour être véritablement bon , ainsi que pour bien réussir , il ne
doit pas s'adresser à la seule place de Paris ,
qui est d'ailleurs un champ d'opérations trop
borné, mais il doit s'étendre à toute la France;
avoir pour base d'y faire participer toutes les
parties du royaume , et pour objet principal
de restaurer , de féconder, sur tous les points ,
et de faire prospérer, par une grande création,
l'agriculture, l'industrie et le commerce; il doit,

en outre , avoir sa garantie dans l'intérêt personnel et individuel de tous les propriétaires, et,
par suite , dans celui des députés des départemens.

Avant de présenter le mode d'emprunt qui
me paraît réunir , à un degré éminent, toutes
ces conditions , il est nécessaire d'arrêter un
moment l'attention sur l'essence des emprunts
considérés dans leurs résultats , quand ils ont
lieu entre un Gouvernement et ses propres sujets.

Une société de commerce qui se débite d'un
côté , et se crédite de l'autre , ne s'endette réellement point. De même, toute dette d'un Gouvernement envers ses propres sujets est, par
rapport à l'État , une véritable fiction ; car la
masse totale d'une nation étant considérée
comme ne faisant qu'un seul corps social , c'est
toujours le peuple qui prête , doit ou se paye à
lui-même. Cela est si vrai, que si la dette venait
à être subitement annullée , les titres y relatifs
qui formaient une richesse fictive disparaîtraient,
les particuliers possesseurs de ces titres seraient
lésés , ruinés peut-être ; mais le corps social ,
en cessant de se devoir et de se payer , ne per-
drait aucune de ses richesses matérielles.

En France , les contributions directes sont
supposées atteindre toutes les personnes qui
composent essentiellement le corps social , et
dans la proportion la plus exacte possible de

leur fortune individuelle. Si donc , dans le budget de 1818 , par exemple , au lieu d'imposer
300 millions à titre de contributions directes ;
on les imposait à titre d'emprunt , en ayant
soin de les répartir de la même manière ; en
d'autres termes , si lors de l'acquittement de
ces contributions , au lieu de donner aux contribuables un reçu exprimant qu'ils se sont li-
bérés ; on leur en remettait un portant qu'ils
ont prêté ; en un mot, si on leur fournissait ,
au lieu d'une quittance , une obligation : malgré la différence des formules , ces deux piè-
ces ne seraient , par rapport au corps social ,
qu'une seule et même chose ; le prêt exprimé
par la seconde ne serait au fond , pour l'Etat ,
qu'une fiction; mais, sous d'autres rapports, cette
formule aurait des avantages iufiniment précieux.
Si l'État y attachait un intérêt de 5 pour 100 ,
et qu'il s'engageât à en rembourser le capital ,
en vingt ans , alors le particulier qui aurait
payé sa contribution en espèces , au moyen
de sa quittance de cette contribution rédigée en
forme d'obligation et en y joignant son crédit
personnel , pourrait se procurer une somme
égale ou à peu près égale , et , avec cette somme,
étendre ses spéculations s'il était commerçant ;
ou , s'il était propriétaire , augmenter ses trou-
peaux , améliorer ses biens et devenir capable
de payer mieux et davantage à l'avenir. *Par cet
heureux moyen, l'agriculture et le commerce se*

trouveraient ménagés , la contribution serait réellement versée toute entière au trésor royal , et néanmoins le montant en resterait réellement aussi entre les mains du contribuable ; il y fructifierait et s'accroîtrait dans une progression avantageuse pour l'État et pour lui.

A la vérité , le Gouvernement , pour être en mesure de payer l'intérêt annuel et de rembourser le capital en vingt ans , serait obligé d'imposer , en 1819 et les années suivantes , 330 millions , au lieu de 300 , savoir : 15 millions de plus pour l'intérêt, et 15 millions pour le remboursement d'un 20e. du capital. Mais chaque contribuable serait, de son côté , en mesure de payer aussi cette augmentation d'impôts, en y consacrant annuellement les intérêts que sa quittance de la contribution de 1818, rédigée en forme d'obligation ou d'action dans l'emprunt , lui aurait produits, et un 20e. de la valeur de ce titre. Par ce mode , il se trouverait , en dernière analyse, pour le particulier, qu'il aurait eu vingt ans pour payer sa contribution de 1818, et pour l'État , que 300 millions de valeurs fictives auraient été créées et ajoutées aux richesses réelles ; que ces valeurs jetées, sur tous les points, dans la circulation , auraient donné une activité plus grande aux arts , à l'agriculture et au commerce , et auraient augmenté, par des produits nouveaux , les richesses générales.

D'après cette théorie , assurément incontestable, il est évident que dans les circonstances présentes , et après tant d'événemens qui ont affligé la France, il serait indifférent pour le trésor, et cependant extrêmement avantageux pour le Gouvernement et pour les peuples, qu'au lieu d'aggraver les impôts, on prélevât, en 1818, par voie d'emprunt , plutôt qu'à titre de contribution , le montant de celles qu'on nomme directes. Toutefois , ce n'est point absolument une telle mesure que je propose ; mais puisqu'il a été ouvert aux ministres un crédit en rentes , puisqu'il a été reconnu indispensable de donner 175 f. en rentes , pour avoir 100 f. en numéraire , c'est-à-dire , d'emprunter moyennant un intérêt de 8 3/4 et une prime de 75 pour cent; puisque, pour payer ultérieurement de si gros intérêts et une si forte prime, il faudra accroître ou proroger indéfiniment les contributions directes qui déjà pèsent tant sur les provinces; puisqu'un pareil système aboutirait à convertir les propriétaires en simples fermiers de leurs biens, et par conséquent à anéantir la propriété , qui dès-lors se trouverait n'avoir aucune valeur entre les mains du maître, je demande qu'on n'attribue pas exclusivement ces gros intérêts , cette énorme prime, à la seule place de Paris ; je demande qu'on n'emprunte pas à un si haut prix , au seul profit des capitalistes qui , ainsi que l'a justement observé M. de Bricogne , non contens de se soustraire aux charges générales , exigent des bénéfices, dans des circonstances qui imposent à tous des sacrifices; je demande que l'emprunt à faire soit combiné préférablement de manière à ce qu'il tourne au profit de ceux qui supportent les impôts; je demande enfin que de cet emprunt, qui, tel qu'il est proposé, serait un instrument de ruine et de désolation, on fasse, par un meilleur mode, un moyen de restauration et de prospérité, et qu'au lieu de rendre les provinces à jamais tributaires de quelques capitalistes soit étrangers soit parisiens, il aille fertiliser nos campagnes, ranimer notre industrie, alimenter notre commerce, rallier et unir tous les intérêts à ceux de l'Etat et toutes les affections à la famille des Bourbons.

J'ose croire que le mode d'emprunt ci-après réunirait tous ces précieux avantages, et serait exempt des inconvéniens attachés à un crédit en rentes.

Projet d'Emprunt.

ART. 1er. Il sera ouvert, en faveur des propriétaires et patentables de tous les départemens, arrondissemens et communes du royaume, *en remplacement ou en déduction des crédits en rentes demandés ou à demander pour le service de 1818 et des années suivantes*, un emprunt libre et volontaire de 600 millions (1),

____

(1) Le budget de 1818, présente un déficit à combler,

dont les intérêts à 6 pour cent seront payables par semestres , les 1er. janvier et 1er. juillet de chaque année , à partir du 1er. juillet 1818.

---

cette année , de...................... 225,465,422 f.

La prudence conseillerait de solder aussi, dès cette année, les déficits de 1816 et 1817 , montant au moins à........... 26,121,670

Il serait sage, pour ajouter à la garantie de l'ancienne dette flottante, de faire également, cette année, comme en 1817 , un nouveau fonds de.................... 23,000,000

Enfin , l'humanité et la justice exigeraient que, si on ne croit pas devoir augmenter le traitement des employés de l'État, en raison de la hausse de tous les objets de première nécessité , on supprimât , du moins, cette retenue qui les soumet, on pourrait dire , contre les dispositions formelles de la charte, à une contribution *progressive* et qui ne pèse pas sur tous les Français , ci .... 13,100,000.

Le service de 1818 , réclamerait donc une ressource extraordinaire de......... 287,687,092

Pour remplir cet objet , je propose un emprunt de 600 millions à la place du crédit en rentes qui, n'étant que de 16 millions au capital de 320 millions , ne fournirait guère plus de 190 millions en numéraire , et qui, pour en produire 300, devrait être porté à près de 30 millions de rentes au capital de 600 millions. Je propose d'autant plus volontiers de porter l'emprunt à 600 millions au

2. Les actions de cet emprunt seront toutes de sommes rondes de 200 ; 300 ; 400 ; 500 ; 1,000 ; 2,000 et 5,000 f. en capital, et elles seront classées par séries de 10 millions.

3. L'emprunt sera remboursé en 10 années, à raison de 60 millions par an. Ce remboursement s'opérera moitié intégralement en faveur des trois séries qui auront été désignées par le

---

lieu de celui de 320 millions qui est demandé, qu'en adoptant mon système, plus il serait considérable, et plus il réussirait facilement, puisque, dans le cas d'un emprunt de 660 millions, le dégrèvement des contributions foncière et des patentes, serait de 150 millions, tandis que, dans le cas d'un emprunt de 320 millions, il ne serait que de 80 millions (voyez ci-après, p. 45).

Cet emprunt est susceptible d'être réalisé en très-peu de temps ; cependant, de crainte que, sans me mettre à même de le démontrer, on ne se persuade le contraire, et que, sous le prétexte de ne vouloir pas s'exposer à comprometttre le service, on ne préférât vendre exclusivement des rentes, je ferai observer que, tout en accordant au Gouvernement un crédit en rentes, on pourrait adopter mon plan avec la condition, s'il réussissait (et cela est infaillible) de réduire ou supprimer ultérieurement ce crédit.

J'ajouterai même que le concours d'un crédit en rentes, rendrait plus facile encore le succès de mon plan, parce que de nouvelles émissions, en les maintenant à un cours plus bas, offriraient un bénéfice plus considérable aux prêteurs, pour le quart en inscriptions de rentes, qu'ils sont autorisés à fournir au pair, d'après l'art. 7 du projet.

sort, au 1er. juillet de chaque année, et moitié au-dessous du pair, par le rachat sur la place jusqu'à concurrence de 30 millions.

4. Les produits de l'administration des douanes et de l'administration des droits réunis sont spécialement affectés à cet emprunt. En conséquence ces administrations verseront, tous les ans, dans la caisse d'amortissement, à un compte ouvert particulier, le montant des intérêts à payer et du dixième à rembourser.

5. Les intérêts des actions remboursées ou rachetées seront acquis à la caisse d'amortissement, comme supplément de dotation, pour accélérer l'extinction du présent emprunt.

6. Le paiement soit des intérêts, soit des capitaux à rembourser aux actionnaires, sera effectué au chef-lieu de leurs arrondissemens respectifs.

7. Le prix de chaque action sera fourni à l'État, par les prêteurs, en deux termes, aux mois d'avril et d'octobre prochains : un quart en quittances des contributions foncière et des patentes, un quart en inscriptions de rentes au pair, et les deux autres quarts en numéraire.

8. Sur le refus ou l'impuissance d'un ou plusieurs contribuables d'une commune, de prendre les actions qui leur seraient dévolues, tout autre particulier sera admis à se charger de ces actions et à donner, en paiement d'un quart, les quittances de ces contribuables; mais,

dans ce cas, la moitié au moins du montant de ces quittances devra être versée dans la caisse municipale pour être employée, au choix de ce particulier, ou en dégrèvement des contributions de la commune, ou à tels travaux, au profit de cette commune, qu'il lui plaira d'indiquer. (Quelle immense et facile ressource pour des ateliers de charité dans ces temps malheureux!!!!)

8. Les actions prises en conséquence de l'article précédent, par des particuliers, seront regardées comme un noble emploi de la fortune, comme un service rendu au Roi et à l'Etat. Ces actes de patriotisme seront mentionnés dans les registres des communes et pris en considération, lors des demandes que ces particuliers pourront être dans le cas de faire auprès de S. M., à l'effet d'obtenir des titres d'honneur ou d'autres grâces.

On a dû juger déjà que ce projet d'emprunt est parfaitement conforme aux meilleures maximes concernant le crédit, à celles qui prescrivent, pour les circonstances où la confiance est faible, d'emprunter à courtes échéances, de raccourcir en outre ces échéances et par le rachat au cours et par le remboursement partiel au sort, et de donner un intérêt suffisant pour maintenir les actions au pair. L'intérêt serait de 6 pour 100 du capital nominal, et de 9 1/3 pour cent du capital réellement déboursé, avec une prime de 55 f. Par les chances du sort , chaque actionnaire pourrait espérer, chaque année, et même dès la première , la rentrée de ce capital et de cette prime, et il serait sûr d'en être remboursé dans moins de 8 ans, parce que la force d'action des intérêts composés, que l'article 5 du projet ajoute aux moyens ordinaires du rachat sur la place , serait si puissante , qu'en supposant que le cours des actions fût constamment à 99 pour 100 , et même au pair , comme on le désire , elle en aurait absorbé deux dixièmes avant la fin de 1826 , et aurait réduit par conséquent à 8 , le délai de dix ans accordé par l'article 3 pour le remboursement de la totalité de l'emprunt. Le concours de tant de chances favorables et d'avantages certains, porterait et fixerait infailliblement au pair , dès l'année 1818 , le cours des actions. Dès lors on serait à même de stipuler , pour l'emprunt de l'année suivante , des conditions moins onéreuses, et successivement, selon les améliorations graduelles du crédit, on alongerait les échéances , on modérerait les rachats et on réduirait les intérêts et les primes.

Sous ces rapports , l'emprunt serait donc , on croit pouvoir l'affirmer , très -- sagement combiné. Il est également incontestable qu'il réussirait parfaitement. En effet , il n'est point de contribuable tant soit peu éclairé qui ne s'empressât de prendre seul, ou de concert avec ses voisins , une ou plusieurs actions. L'avantage qu'il y trouverait serait considérable et évident ; puisqu'au cours actuel des rentes , il s'assurerait un intérêt annuel de 12 f. , et un capital prochainement remboursable de 200 f. en numéraire , en avançant seulement 129 f. en deux termes; et, cette avance, il pourrait la faire facilement au moyen , ou de son propre pécule , ou de son crédit personnel auprès de ces capitalistes peu riches à la vérité , mais encore assez nombreux en province , qui ne prêtent qu'à 5 pour cent , par délicatesse de conscience , mais ne veulent prêter , pour la sûreté de leurs fonds ; qu'à des débiteurs qu'ils connaissent , et contre lesquels ils puissent agir librement. D'après cette donnée , on doit entrevoir déjà que *le crédit de l'État serait* un jour et bientôt même, *immense, puisqu'il se composerait de tous les crédits particuliers.*

Les avantages pécuniaires seraient moindres pour les particuliers qui se chargeraient des actions que les communes auraient refusées , mais elles n'en seraient pas moins vivement recherchées. Tous ceux qui possèdent des propriétés de quelque importance, dans ces communes, et même de simples capitalistes généreux et bienfaisans, s'empresseraient de les prendre : les uns, par ostentation et pour exercer une espèce de patronnage sur ces communes ; d'autres, par un pur sentiment d'humanité, pour leur procurer

une remise sur leurs contributions ; ceux-ci ,
pour leur donner des embellissemens , des
chemins vicinaux, des promenades , des fon-
taines , des ponts auxquels ils attacheraient
leurs noms ; ceux-là , par patriotisme , pour
être agréables au Roi et utiles à l'État ; enfin , plusieurs , par d'autres motifs dont il ne
faut pas moins tenir compte , pour rétablir
l'union et détruire enfin tout sujet de dissentions
relativement à certaines propriétés. Qui doute,
en effet , que lorsqu'une partie de ces emprunts
serait destinée , par exemple , à indemniser les
émigrés de la perte de leurs biens , et à donner
ainsi aux ventes qui en ont été faites , une nouvelle consolidation morale, tous ceux qui en ont
acquis, ne missent de l'empressement à y con-
tribuer et à les faire réussir ? Ces actions con-
sidérées , au surplus , comme de simples placemens d'argent, seraient encore assez attrayantes
pour ces particuliers , puisqu'elles leur produi-
raient un intérêt de 8 f. et une prime de 25 pour
100.

La contribution foncière et celle des patentes
figurent dans le budget , pour 276,370,967 f. ;
le montant des quittances qui pourraient être
admises dans l'emprunt, serait de 150 millions;
par conséquent le dégrèvement s'élèverait à plus
de la moitié de ces deux contributions , et assurément la remise d'une si forte somme faite à
l'agriculture, à l'industrie et au commerce, dans

les circonstances actuelles, leur donnerait un nouvel essor et de puissans moyens de reproduction et de prospérité.

Les rentes formant le crédit accordé aux ministres, versées sur la place de Paris, de quelque manière qu'on y procède, que ce soit immédiatement ou par des *intermédiaires* (1), fe-

---

(1) Je suis convaincu que, dans les circonstances où se trouve la France, mon système d'emprunt est le seul qui lui convienne, et qu'il la rendrait bientôt heureuse et puissante; je ne suis pas moins convaincu que le mode d'emprunter, en vendant des rentes, lui sera au contraire très-funeste; toutefois je sens que, ce mode ayant été une fois adopté, le Gouvernement a dû se trouver extrêmement embarrassé pour effectuer la vente des rentes de 1817. Aussi, ce n'est point pour blâmer le bas prix auquel ces rentes ont été cédées, que je fais ici quelques rapprochemens et que je présente quelques observations propres à faire apprécier le bénéfice immense que les banquiers cessionnaires de ces rentes, ont du faire; c'est uniquement pour en déduire un nouveau motif de rejetter le système de vendre des rentes, et de préférer le mien.

Le prix moyen des rentes achetées par la caisse d'amortissement, en 1817, a été de........ 64 f. 93 c. p. o/o
Le prix moyen des 26,711,000 f. de rentes vendues par l'État, a été de.. 56   5o

---

Ainsi, elles ont été vendues à..... 8   43   p. o/o au-dessous du cours moyen; ainsi, les banquiers à qui elles ont été cédées, ont pu facilement faire un bénéfice de 8,430,000 f. sur chaque 5 millions de rentes, et par con-

raient baisser le cours , malgré les efforts de la
caisse d'amortissement , ou du moins l'empê-
cheraient de se relever. L'emprunt, au contraire, que je propose d'y subtituer ; loin de

---

séquent de 44,999,746 f. sur la totalité des 26,711,000 f.
de rentes.

Pour se convaincre qu'ils ont pu gagner *facilement*
cette somme de 44,999,746 f., il n'y a qu'à se rappeler
qu'en 1816 , le taux moyen des rentes vendues par l'État,
sur la place , a été de .... 58f 13 c   p. o/o
tandis que le taux moyen des achats
faits par la caisse d'amortissement , a
été de......................... 57   37

Différence en plus de........... oof 76 c   p. o/o

On pourrait même conclure de là , par une règle de
proportion, qu'ils ont gagné 49,090,632 f. , s'ils ont effectué la vente des 26,711,000 f. de rentes aussi heureuse-
ment que le Gouvernement a vendu , en 1816, les 6 millions portés au budget de cette année-là.

A la vérité , en 1817 , la quantité de rentes à vendre ,
était beaucoup plus considérable qu'en 1816 ; mais aussi
il avait été pris , en 1817, de plus grandes mesures pour
donner de la valeur aux rentes.

On comprendra encore mieux quel énorme bénéfice, les
banquiers ont dû faire , si on compare leur opération avec
la vente des 3,500,000 f. de rentes qui fut faite aux mois
de mai et juin 1815 , et surtout si on fait bien attention
aux différences que les circonstances présentaient à ces
deux époques.

Au 6 mai 1815 , le cours des rentes était à 56 f. , et
il n'y avait que des chances de baisse ; l'ordre social avait
été dissous avec violence , tout avait été bouleversé , tous

huire aux rentes , en ferait hausser considéra-
blement, et bientôt, le cours : d'abord , parce
que les actions dont il se compose, seraient dis-
persées par toute la France; et qu'il en viendrait

était en confusion; la guerre, et une guerre terrible, était im-
minente , et loin d'augmenter la garantie de la dette publique, l'usurpateur avait dépouillé la caisse d'amortissement
de ce qu'elle possédait. Cependant celui à qui les 5,500,000 f.
de rentes furent livrés , les prit à 50 p. 100 , sans frais de
commission ; c'était à 6 p. 100 seulement au-dessous du
cours. de l'époque où la cession lui en avait été faite. La
rente monta successivement , en peu de jours , jusqu'à
62 francs et ne descendit jamais , pendant la durée de l'o-
pération , au-dessous de 56 francs. La vente de ces
5,500,000 f. de rentes , quoiqu'effectuée en 35 jours de
temps, dût produire un bénéfice au moins de 4,260,000 f.

En 1817 , au contraire , nous avions la paix , et une
paix durable , et , ce qui contribue le plus au crédit , nous
avions surtout un Gouvernement légitime et régulier , des
institutions fortes et libérales , et toutes les garanties qui
en dérivent. D'un autre côté, on avait affecté les produits
de l'enregistrement au paiement des rentes ; on avait
chargé la banque de ce payement , pour qu'il fût fait
avec plus de célérité et d'exactitude ; on avait porté la
dotation de la caisse d'amortissement de 20 à 40 millions,
et on lui avait concédé , en outre , les forêts de l'État.
Par conséquent , tout concourait à bonifier le cours des
rentes , et garantissait qu'il s'élèverait. Cependant, ces
banquiers n'ont pris les premiers 9,090,909 f. de rentes
qu'à 52 fr. 50 c. , et même la totalité des 26,711,000 f.
qu'au prix moyen de 56 f. 50 c., c'est-à-dire, à 8 f. 43 c. p. 100
au-dessous du cours moyen ! ! ! Il est aisé de voir qu'ils ne
couraient absolument aucune chance de pertes , que leur
bénéfice était certain , infaillible , et qu'il a dû être
énorme.

très-peu sur la place ; en second lieu , parce qu'il absorberait , en deux termes très-rapprochés , pour 150,000 millions de rentes , ce qui donnerait à l'amortissement une force prodigieuse et plus puissante , encore, par la manière dont l'achat de ces rentes s'effectuerait , que par la quantité qui en serait achetée. En effet, les ordres relatifs à ces achats devant partir de tous les points de la France , ce concours indéfini et simultané ou successif de demandeurs imprimerait aux rentes un mouvement de hausse d'autant plus rapide que l'influence de ce concours ne pourrait être appréciée exactement, et que l'imagination, toujours prompte à dépasser tous les calculs , étant fondée à prévoir que la même opération se renouvellerait, d'année en année, en exagérerait la puissance et l'accroîtrait réellement. Si les rentes s'élevaient, dès cette année , par ce moyen , à 80 f. pour 100 , comme c'est très - probable , les 150 millions de rentes inscrites ou à inscrire qui ; au cours actuel , ne représentent que 1980 millions , représenteraient 2 milliards 400 millions. Ainsi , par cette mesure , et sans qu'il en coûtât rien au trésor , on aurait encore bonifié aux rentiers 420 millions, et augmenté proportionnellement les richesses générales de l'Etat.

Au moyen de ce que les actions de l'emprunt resteraient disséminées sur tous les points de la France , et de ce que le paiement des 36 millions

4

d'intérêts et le remboursement annuel des 30 millions de capital, se feraient à la caisse des receveurs d'arrondissement, et, pour ainsi dire, au domicile même de chaque prêteur, les peuples auraient bientôt acquis, par l'expérience, une connaissance parfaite du mécanisme et des avantages de cette manière de placer leurs capitaux; en voyant l'exactitude et la régularité des paiemens, ils prendraient confiance en ces valeurs; ils en contracteraient le goût : dès lors, elles deviendraient populaires, et désormais, en province, comme cela se voit à Paris, on serait excité (quel heureux effet moral de ce système!) à avoir de l'ordre et de l'économie, par le désir et la facilité de se créer des ressources pour l'époque des besoins, en achetant une rente sûre et bien payée, d'abord de 10 f., puis de 15 f., de 20 f., etc...... Alors, les emprunts pourraient se répéter et s'étendre progressivement, d'année en année, à des termes et à des conditions de plus en plus favorables, en raison du sage emploi qui en serait fait par le Gouvernement, et en proportion des valeurs et richesses nouvelles qu'ils multiplieraient et répandraient partout.

Alors, et au moyen des actions ou titres qui seraient remis aux prêteurs, et avec lesquels chacun d'eux pourrait trouver à emprunter une somme égale ou à peu près égale, les 500 millions de ressources extraordinaires nécessaires au service de 1818, seraient réellement versés

en numéraire, au trésor royal, et néanmoins
ils resteraient réellement aussi, mais sous une
autre forme, au pouvoir des propriétaires,
commerçans et fabricans qui les auraient prêtés;
et non - seulement cette somme resterait entre
leurs mains, mais encore il y resterait plus de
la moitié des contributions foncière et des patentes, ce qui aiderait aux uns, à améliorer
leurs biens, aux autres, à étendre leurs spéculations ; alors, l'agriculture, le commerce et
l'industrie fructifieraient et croîtraient dans une
progression de plus en plus avantageuse pour
l'Etat comme pour eux mêmes; ils deviendraient
par là capables de payer mieux et davantage
à l'avenir, et c'est alors véritablement que plus
l'Etat emprunterait, et plus il enrichirait sa matière imposable ; c'est alors que la richesse générale de la France et les impôts marcheraient
et croîtraient dans une proportion égale à celle
des emprunts ; c'est alors aussi qu'à mesure que
les emprunts grossiraient, les impôts tout-à-la-
fois s'allégeraient, et deviendraient plus productifs, et qu'ils finiraient même par rapporter
au trésor, sous la forme de tribut, les sommes
dont ces emprunts l'auraient grevé; c'est alors,
enfin, et par cet heureux moyen, que la France
se trouverait véritablement *fertilisée par le crédit, et fécondée par les emprunts*, et qu'elle
offrirait des ressources inépuisables.

(52)

Par l'effet de ces emprunts, une grande partie
des rentes qui sont actuellement concentrées
dans Paris, et presque tous les effets publics
que l'on créérait à l'avenir, seraient disséminés
dans tout le royaume. Ces effets sont des valeurs
fictives, et ceux qui les possèdent sont, par
cette raison-là même, naturellement amis de
l'ordre et de la paix par lesquels ces valeurs
deviennent solides et réelles. Leur intérêt les
attache dès-lors essentiellement à la conserva-
tion du Gouvernement existant. Plus cette classe
serait nombreuse dans les départemens, et plus
elle servirait à y entretenir ou exciter l'amour
des Bourbons.

Alors aussi, les intérêts des contribuables et
des rentiers, jusqu'ici divisés et opposés entr'eux, se réuniraient et viendraient se con-
fondre dans un seul intérêt, celui du bien
public.

Alors, la dette serait vraiment nationale,
parce que toutes les fortunes s'y trouveraient
liées, et que tous les vœux s'y rattacheraient.

Alors, il ne pourrait plus y avoir de ces *va-*
leurs de l'arriéré, de ces reconnaissances de
liquidations, de ces mobilisations, réductions,
consolidations d'inscriptions, etc. etc., sous
lesquelles on a dissimulé si souvent la violation
de la foi publique; alors, la banqueroute, sous
quelque nom et sous quelque forme qu'on vou-
lût la déguiser, serait impossible; alors, les em-

prunts français offriraient plus de solidité et de garantie que ceux d'aucun autre Gouvernement, SANS EN EXCEPTER L'ANGLETERRE, puisqu'étant fournis principalement par les propriétaires qui nomment, et parmi lesquels sont nommés les députés des départemens, ils seraient sous la foi et la protection, non - seulement de l'honneur national, mais encore de *l'intérêt personnel* de chacun de ces propriétaires et de ces députés.

Alors, et par cela même, se trouverait solidement fondé et établi en France, un véritable et vaste crédit, un système de finances qui fournirait des ressources abondantes, inépuisables. Alors, nos emprunts inspireraient aux étrangers une confiance *raisonnée*, qui croîtrait incessamment et serait bientôt illimitée. Ces emprunts seraient, dès lors, un moyen de soulager davantage la propriété à laquelle on pourrait désormais ne demander que les intérêts et le fonds d'amortissement de la dette publique; alors, enfin, la France prospérerait, et son Gouvernement serait puissant autant qu'on doit le désirer.

Quelque prix qu'il en dût coûter pour éviter ce système si funeste et si précaire des crédits en rentes, et pour établir le système des emprunts, à-la-fois si moral et si monarchique, si avantageux à l'agriculture, à l'industrie et au commerce, et si fécond en ressources pour le Trésor, assurément il ne faudrait pas hésiter d'y souscrire. A plus forte raison devra-t-on se hâter d'adopter ce dernier système, s'il est prouvé que l'emprunt proposé serait beaucoup moins onéreux que le crédit en rentes. Or, c'est une vérité qui va être démontrée par le calcul suivant :

En 1817, l'Etat, par le crédit en rentes, en se grevant d'un capital de................... 600,000,000 f.
et d'un intérêt de................... 36,000,000 f.
n'a réalisé que.. 340,844,200 f.

Par le mode d'emprunt que je viens de développer, et qui fut proposé, en 1817, l'Etat se serait grevé d'un capital de................... 600,000,000
d'un intérêt de................... 36,000,000
et aurait réalisé :
en numéraire ... 300,000,000 f.
en rentes, 150 millions valant, au cours-moyen de 64 f. 93 c. p. 100 97,395,000
} 397,395,000

Partant, en se grevant d'un capital.......... ÉGAL,

il se serait soumis, à la vérité, à un intérêt plus fort de................... 6,000,000
mais il aurait réalisé, de plus, un capital de........... 56,550,800

D'un autre côté, les 150 millions de rentes admis, dans l'emprunt, au pair, devant produire un intérêt de........ 7,500,000
loin de se grever, sous ce rapport, l'Etat aurait au contraire gagné encore, de plus, une somme annuelle de........ 1,500,000

On aurait gagné aussi, en cédant ces 150 millions à la caisse d'amortissement, d'avoir produit, en 1817, un résultat matériellement deux fois plus avantageux que celui qu'on a obtenu par l'emploi de sa dotation de 40 millions en argent. On aurait gagné sur-tout d'avoir enfin *fermé le grand-livre*, et cet avantage eût été inappréciable. Sous tous les points de vue, l'emprunt était donc préférable, en 1817, et celui que l'on propose, pour 1818, devrait donc être préféré.

Il ne pourrait paraître un peu défavorable aux personnes moins versées dans cette matière, que sous ce rapport que le montant en serait remboursable, tandis que le capital des rentes ne l'est pas ; mais, sans m'arrêter à montrer que l'on se trompe sur ce dernier point, que la dotation accordée à la caisse d'amortissement, est un véritable mode de remboursement des rentes, auquel nous sommes forcés pour en soutenir le cours, et que cette dotation, telle qu'elle est fixée par le budget de 1817, est dans le rapport de 1 à 5 et quatre cinquièmes, c'est-à-dire, à raison de près d'un sixième du capital emprunté par les ventes de rentes faites d'après les budgets de 1816 et 1817, je répondrai que ceux qui connaissent les principes et la marche du crédit, ou qui se seront bien pénétrés de ce qui a été dit plus haut, à cet égard, ne craindront nullement qu'il fût difficile de subvenir au remboursement d'un dixième, tous les ans, de l'emprunt que je propose, car ils savent bien que le montant de chacun de ces remboursemens exactement offerts et effectués à l'échéance, se représenterait aux emprunts ultérieurs qui seraient ouverts, et y attirerait, en se multipliant progressivement par l'effet d'une juste confiance, des capitaux nouveaux et qui deviendraient d'année en année plus abondans.

Il est à considérer, d'ailleurs, qu'il s'agit d'effectuer non pas un seul emprunt, mais bien plusieurs emprunts successifs. Or, avec le mode que je propose, plus on emprunterait, plus on pourrait emprunter, et à des conditions graduellement plus avantageuses ; au contraire, en persistant dans le système de vendre des rentes, plus on emprunterait, et plus les emprunts deviendraient difficiles.

Je me borne à ces observations. Il serait trop long de prévoir et de réfuter d'avance les objections qui pourraient m'être faites : je demande seulement que si le système que je viens d'exposer peut inspirer quelques présomptions en ma faveur, et s'il offre d'ailleurs quelque utilité, on veuille bien ne pas le repousser par la considération des difficultés que son exécution ou les circonstances paraîtraient présenter, avant de m'avoir mis à portée de les résoudre. Je répète et j'affirme de nouveau, en attendant, que ce plan est susceptible d'être exécuté très-facilement et très-promptement.

FIN.